神文伝

安房宮《あわのみや》 源宗《げんしゅう》

神文伝

先代旧事本紀大成経伝（五）

目次

はじめに　神代文字と神文

この神文は人含道《ひふみ》祝詞といいます。祝詞には神へ向って申し上げる言葉と神から人へ宣われた言葉とがあります。神社などで通常上げられるのは神に仕える人が作った、畏み畏みも申すと最後に締めくくっている詞ですね。人含道祝詞の方は神から人への神勅ということです。

古代の神代文字で書かれた文や文字そのものに御利益や霊験があるという話がありますが、それは神をどう考えているかによるわけです。信じる者は救われる？　そんな簡単に御利益があるなら神代文字をみな知っているでしょう。現実はそうはいかないですね。文字に何らかの威力がある、治癒力がある、そういう類いの本もあって、その文句に誘われて効きめを試した人もいるかと思います。

けれども、本にある文字をなぞり書く練習をするその時何を思うか、その方がとても大事かと思います。神文に霊験を期待するならば、まずは四十七字に籠められた神の意図をよく知ることです。それが神に近づき、己が願いを聞いていただく第一歩でしょう。

さてこの神文の由来は、天照大神が大己貴命に告げられた四十七言（よそあまりなことば）です。そして、大己貴命《おおなむちのみこと》は天八意命《あめのやごころのみこと》とともに意を同じくしてこの言をもって神代文字を造り、四十七字を通わせ連ね萬の言句《ことば》を作したと記されています。（先代旧事本紀大成経第十巻 天神本紀）この四十七言から数々のことばが作られ、神教を始めあらゆる文と法の元となったということです。

この四十七言は、はじめ神代文字で伝えられてきました。神代文字といわれる古代文字は多くの種類があります。その中のひとつ、神の声に通じた神人《かんつびと》がその音、ひびきを受けて、流れるような曲線で表したのが天日草形文字《あひるくさかたもじ》です。

わたしは必要があればこの文字で人含道祝詞を書きますし、祝詞を唱えることもあります。それは神の心と一つになるためです。

次に、神代文字と同じ音の秦字《はたもじ》*を当て、四十七言を表した「先天神文」があります。これは音に合う字を採っただけで字義は関係ありません。この表記になったのがいつからかは定かではありませんが、秦字は応神天皇*の御代に百済から朝貢として贈られた典籍とともに伝わりました。もっと古い時代の遺跡から文字が彫られた木簡や刀剣などが発掘されてもいますが、中国の古代文字を公に用いるようになったのは、応神天皇に徴《め》された王仁が来朝した後からと推測されています。

そして次に、「後天神文」というのがあります。これは元々の神代文字と同音かつかぎりなく意味が近い文字を選び当てて書かれています。先天の神文は数によって理を表したものでした。そこで、推古天皇はその奥深い意味と訓みかたを解き明かすようにと聖徳太子に請われました。神人にしか解らない意味を解き明かした聖徳太子は、四十七言の音、字義の両方に合う秦字を選んで新たに後天神文を作られました。先天から伝わる教えが当時の人に解るように意味の通じる字を用いられたのです。この後天神文には、人の生きる道のすべてがまとめられているといえます。

生まれた時からすでに有る言葉を当然のものとして習い、教えられ、覚えていく。成長とともに覚えていく言葉の数も増え会話ができるようになり、さらに読み書きも学びます。けれども多くの人は使う言葉の意味を深く考えはしないでしょう。言句の発生があり詞が成立していき、ことばは世の中を整え、社会と人の暮らしの基になりました。生き方の規範となる法も作られました。しかし法ができれば、悪が無くなるわけではないことはいつの時代も同じです。法は戒めであり、また破るためのものという輩もいるのです。事前ではなく事後に用いるのが法律だと、そういう時勢は現代だけのことではないようです。考えずに物を言うようになった人々にとって言葉の持つ意味は機能しなくなりました。太古の教えは、このような人の弱さや愚かさ、馴れることや飽きっぽさを予め見通したものかと思います。

人含道の神勅の意味は何なのか、四十七の一音ずつに託された意味を知ると、そこには簡潔で整然とした人生のひな形が見えてきます。より良く生きる意味について人と人、人と社会の関係がどうあらねばならないか、何のために生きるのかが、一音ずつ示されています。

古代とは違う世の中になり、環境や身分制度など社会の仕組みに伴う価値観の変化があったにしても、人が幸福に平和に自分の命をまっとうしていくことの原則は変わりありません。

コトバは古くは事端と書き、物事の端、始まりを意味しました。音から言葉になり、言葉から文を編み物事が表されてきた、そのおおもとに籠められた神の意を感じるために、まずは読み、意味を知り、考えることかと思います。

推古天皇が聖徳太子に問われたところから、この神文の話は始まります。

序章

神文伝　秦　河勝

　道は上天《たかあまはら》の有故《たもちなる》に、皇天之を見《みそなわ》し其の理を以て言《ことば》を発《おこ》し大神に給《さずけたま》ふ。大神は之を受けたまわり文字を造り、其れに言《ことば》を認《とどめたま》い、聖人に与え、経《おしえぶみ》は茲に露《あらわ》れ学は茲に𠩄《はじ》まれり。

　其の言《ことば》には数在って、数の道に理を含み、此の理は玄《おく》に在って人之を知《さと》らざるも、是れ先天《たかあまはら》の伝《つたえ》なり。

　天皇は此の伝を得たまい、之を聖人に請て、以て訓《よみかた》及《と》解《ほど》きを成して甫《はじめ》て人に会通令《かよわしめ》たまへり。

　聖人は其の窗《おく》を尋ね察《み》て、神代の数音《かずことば》を以て、人代の義音《いみことば》と為し、而に理を合わせ、章に為《つく》りたまい、教を于繋《ここ》に晶《あらわ》し、理を爰《ここ》に通わしめたまへり。其の言に義有り。

而《また》、義道に学を含み、其の学は見《あらわ》るに在って人は之を知ることを得たり。是れ後天の伝《こととき》なり。先天と後天の功を合わせ而、道を言に理《おさ》め、経《おしえ》を字《もじ》に章《あらわ》し教の学を大成《しあげまし》而、吾が神文をして遂に功成《いさおしあげたまへ》り。大哉《おおいなるかな》。皇天の徳は皇天に非ざれば豈ぞ初めて大道を発《おこ》し開かむ。至れる哉。

聖人の功は聖人に非ざれば焉《なん》ぞ一転して大道に通わしめむ。誠なる哉。

大神の威《みいきおい》は大神に非ざれば奈ぞ字を造《はじめ》て大道に認《とど》め玉はむ。善き哉。

天皇の力《つとめ》は、天皇に非ずんば那《なん》ぞ聖人を使《し》て大道を解《ほどかし》めむ。

之を以て之を思ふに神文の至大なること、也《これいず》何れの世、何れの人か這の文を宗《もと》とせざる。這の道に学ばざる。

臣　大連秦河勝、神文の伝《ときぶみ》を敬みて白爾《もうすのみ》。

道はたかあまはらにすでにしてあり、天照大神はその理を言にし、地照大神（大己貴命）に授けられた。大己貴命はこれより文字を造り、それを言と成して聖人に与えられた。神の教えはこれより経（おしえぶみ）として興り立った。

その言には数が在り、数の道には理が含まれ、この理は玄妙なるもので人の知恵でははかりしれないが、たかあはまはらより伝わった教えである。

天皇はこの先天の教えを得られ、これを訓み解きして、はじめて人々に言葉が通じ意味がわかるようにせよと請われた。

聖人はその奥に隠された意味を調べ神に尋ねられた。そして数で表された神代の言を人の世の言葉にその理を合わせ文章とされ、神の教えをここに表され、理が亨るようにされた。その言に義がある。また義の道に学びが含まれていることがわかるようになり、人はこれを知ることができた。これが後天の神文である。

先天と後天の功績をあわせそこにある道を言葉に表し、わが国の経（おしえ）を文章にし、ここに学問を成し遂げられた。神文によってついに大いなる成果を成し遂げられた。なんと偉大なることか。

皇天の徳は、皇天でなくてどうしてこの大道を興すことができようか、この上なきことよ。

聖人の功は、聖人でなくてどうして神文から大道を明らかにできようか、ほんとうに。

大神のみいきおいは、大神でなければどうして文字を造り大道を表したまうものか。その至善のただならざることかな。

天皇の力は、天皇でなくばどうして聖人に命じて神文から大道を解かせることができようか。

これらのことから思うに神文の偉大さは、どのような時代であれ人はこの神文に基づいて在り、この道に学ばないわけにはいかないことである。

大連 秦河勝（おおむらじ はたのかわかつ） 神文について敬みて申し上げる。

【解】

聖徳太子の側近である大連秦河勝による神文伝は、先天神文の意味を読解し、後天神文へ造り替えられた太子の偉業を讃えたものである。神の恵みを戴いた推古天皇の采配があり、太子の真摯な取組みまですべてが理にそって行われ、それが後世にもたらす意義を切々と感動とともに述べ、伝えんとした。臣下としてその尊い意義を是非にも伝えたいという心境が溢れている。

先つ天から伝わるわが国のまつりごと国のかたち、そして文化を興していくことの源となった大綱がここに示されているとし、神道、皇道、人の生きる道の何たるかが神文から始まったことを後世に伝えんという忠心と責務を全うする生真面目さは、そのまま神文を生きる姿といえる。

聖徳太子は、数音のみの神文から意味を読み取り、秦文字の仮名にやまとことばで訓みをつけ、その理を文章と為し、後天神文は人の道の規範であることを明示された。

・皇天は、天に配された皇大神の別称であり、上天における天照大神をいう。
・大神は地照大神を指す。
・「依て天八意命と大己貴命とは是のひふみ四十七言を以て意を一にし、神代の文字を造へり」との記述が先代旧事本紀大成経「天神本紀」にある。

第一章

先天神文言

斐《ひ》普《ふ》味《み》誉《よ》彙《い》務《む》奈《な》　夜《や》古《こ》堵《と》茂《も》知《ち》　炉《ろ》羅《ら》年《ね》紫《し》
紀《き》流《る》庾《ゆ》闈《ゐ》厨《つ》窊《わ》努《ぬ》蘇《そ》　汗《お》哆《た》坡《は》句《く》　馬《め》嘉《か》有《う》於《を》
依《え》爾《に》挲《さ》　利《り》泪《へ》転《て》　能《の》摩《ま》数《す》　亜《あ》世《せ》會《ゑ》　餔《ほ》列《れ》気《け》。

右の是は唯、音のみにて神代の言を動かさず、且《また》字を改むるに朝貢の契《もじ》を庸《もち》いて爾為《しかつくりし》なり。

上の四十七言は天照大神が地照大神に詔したまふ言《みことば》を字に作りしを今の秦字《はたもじ》を以て神字《かみよもじ》に代えて声《ことば》を成すに但《ただ》音を用いて訓を用いず、神字は其の用きは唯、音のみ有って以て訓無きなり。

此の篇《ふみ》の其の理は数の名に在り、上の十五字は人間の数なり。乃ち王徳の数の一を加えて十有六字と成し、即ち詞《ともことば》有り。一二三四五六七八九十百千万億兆京の音なり。

中の十五字は天上の数なり。其の詞は伝わらず、又、天徳の数一を加え並《とも》に十有六と成る。下の十五字は黄泉の数なり。復《また》、詞伝わらず。合わせて四十七言なり。就中、於《お》、彙《い》、依《え》の三字は二字と成り、自ら平側の言に称《かな》うは天然の理なり。数は総《すべ》て、天、地、神、人、物、法にして万法の根となる故に、這の篇の其の音は数に依るなり。是れ先天の理なる而已《のみ》。

右はただ音のみ神文より伝わるままを、秦契《はたもじ》を表音文字として用いている。この四十七言は、天照大神が地照大神に詔されたまうた御言葉を、神代文字にて伝えられてきたものを、秦字を以て代え声《ことば》と為すにあたり音を用いたのみで訓読みはない。神代文字のそのはたらきは、ただ音のみ有るもので訓は無いからである。

この篇《ふみ》の意味は数の名にあり、数は総て天、地、神、人、物、法であり、万法の根拠となる。上の十五字は人間の数である。そこへ王徳の数の一を加え十六字となり人の世を表す詞となる。中の十五字は天上の数である。その意味は人の知識ではわからない。そこへ天徳の一を加え十六字となる。下の十五字は黄泉※の数、いずれもまた人知の及ぶものではない。合わせて四十七言である。なかでも於、彙、依の三字は二つの韻があり、自ずから平側※の言となっている。

数はすべて天、地、神、人、物、法のあらゆる法則の元を表したものであり、この篇の音は数で表された神代の理というべきものである。

※ 黄泉の数　人の感情や欲、罪を表す。

※ 平側　漢字の韻《ひびき》に四の区別あり。上下に分かち符号として字左下につける。平、上、去、入と四声をいう。

後天神文言

人《ひ》含《ふ》道《み》善《よ》命《い》報《む》名《な》　親《や》兒《こ》倫《と》元《も》因《ち》　心《ろ》顕《ら》錬《ね》忍《し》　君《き》主《る》豊《ゆ》位《ゐ》　臣《つ》私《わ》盜《ぬ》勿《そ》　男《お》田《た》畠《は》耕《く》　女《め》

蠶《か》績《う》織《を》　家《え》饒《に》栄《さ》　理《り》宜《へ》照《て》　法《の》守《ま》進《す》　悪《あ》攻《せ》絶《ゑ》　欲《ほ》我《れ》削《け》

右に是訓を為し、肇て神代の言に動かして訓の字を要いて言を附し語《ことば》と成し、学は茲自り成りし而已。

ひふみよいむな　やこともち　ろらねし　きるゆゐ　つわぬそ　おたはく　めかうを　えにさ　りへて　のます　あせゑ　ほれけ。

右のように、はじめて神代の言に今のことばと通じる訓みをつけ語と成した。すべての学がこれより成るということである。

天皇　皇太子に詔りて曰く。

地照大神の曰《もう》す此の神文は、人倫の基《もと》い、学道の源なり云々《しかじか》も、審らかならず、那《いかな》る理《ことわり》有って是の如く神語哉《のたまえるかな》。願くは其の理を聞き以て之に通はせむと欲《おも》ふ、と。

奏して曰く。

神文は甚だ密《おくぶかきもの》なり。其の文の表は唯数音《かずことば》のみにて訓無く、故《ことさら》の理無きは是神代の字法なり。文の裏には語を含むで訓を含む故に理を有《たつ》るに韓貢《からみつぎ》の字に如《したがふ》なり。

今当に秦字《はたもじ》を以て章句を作り、訓に應《こた》へて其の理を演《のぶ》るべし。

謂所、訓は此の文の言を略《はぶ》き音と成し、或は上、或は下とし皆爾《しか》らざるといふこと無く、其の略かれるものを以て是に音《ことば》を附《つ》くる則は、其の語見《あら》はれ、其れに理在

りて分明なり。

是の如く宣了《のべたま》ひ、即ち韓貢の字を以て之を書いて之に上《たてまつ》り玉ふに其の章句は右の如し。是れ後天の理なり。

推古天皇は聖徳太子に次のように詔りされた。

「地照大神の曰すこの神文は人の道の基であり学問の道の源であるということだが、精しくはわからない。この文にどのような意味があって神はこのように曰われるのか。願わくばその理を聞いて理解したく欲《おも》う」

太子は奏して曰く。

「神文はとても深淵なる教えであります。その文は数音（かずことば）のみで、やまとことばの訓みが無く意味が無いようにみえるのは神代の表し方だからです。しかしその字の裏には理がありますので、その意味に通じる秦字を選び訓みを付けています。それによって理を表し今の人に意味がわかるようにします。ここに付ける訓は、言の上あるいは下を省き音として用いますが、省いたところも含めて言葉とすれば意味がわかります。」

このように宣べられ、韓より貢がれた字を用い「後天神文」を書き奉った。そしてこの文の意味はこのようになりますと、後天すなわち人の世の理を訓える神文であると宣べた。

後天神文疏

善を修《おこの》ふ、道に達するの二は神文の体なり。人霊の位、親子の道、君臣の義、男女の稼《かせぎ》の四は神文の相なり。家を饒《にぎわ》し、理に宜しくし、法を守り、悪を絶ち、欲を刪《けず》り、我を刪るの六は神文の用《はたらき》なり。

伊《この》体、伊相、伊用の三成って神学は成る耳。大意は是の如し。大意に依って以て学問を開くは是の神文に入る大門なり。

上の件は神文の大意を釈《とき》しなり。大意を先に解いて章句の大路を失わざるは、是れ学に入るの要道なり。

善を修め行い、道に達することの二つを神文の体とし、すなわち三部五鎮の道が説かれ、人が人として人たるの道を全うすることを目的とする。

まず人は神よりの分霊としての位であること、親子の道を格《ただ》すこと、君臣の義を格すこと、男女それぞれの稼業を格すことが神文の相として示されている。

また家庭を営み人として己を格し、家を饒し、縁来たらばこれを正し、運命に直面すれば公に則り行い、それぞれの理を明らかにし、悪を断ち、邪な欲を削り、我を削る心を神文の用《はたら》きとする。

「体、相、用」の三つが成り立つところに神の教えがある。神文の意義はここにあり、これにより学問を開くことが神文の正統な入口である。

以上は神文の意義を説いたものである。これを先に理解し、各文の正しい意味を失わないようにすることが学ぶ上で大切である。


神文には自ら正綱と従目との理有り。人含己下《ひふいか》の七言は神文の正綱なり。中に人と法とを分かち、人含の二言は人綱にして己下の五言は法綱なり。

中の道《み》と善《よ》の二言は体綱なり。命《い》、報《む》、名《な》の三言は用綱なり。由所は那ぞ、天は道を為すに其の蒙る所は生に在り。其の生の長たるは唯人耳《ひとのみ》。故に天道のある所に必ず人在り而、其の極を得、人の万儀の其の在る所に必ず道《み》、善《よ》在りて体を得、其の道と善の功を成し、命、報、名の三在りて用きを得るなり。

人は極位を含みて道と善の体に立ち、徳は命を正し、報に幸し、名を佳くし、用功を成し遂いに君子の道を全ふせむ。

親兒己下の四十言は這の篇《ふみ》の従目なり。中に本と標《すえ》と有り。前の九言は本目なり。親子は君臣、男女の本為り。心法の諸善諸作の本為《た》るの所以なり。中に人法有り、前の五言は人談なり。是は親子の人為るに言ふ。後の四言は法談なり。是れ心顕《ろら》の法為るを言ふなり。

後の三十有一言は標目なり。人倫の上下、内外とに分ち、心行の理象と事象とを明むるを以て本に循《したが》って之を道《おさ》むる所以なり。

中に人法有り、前十六言は人談なり。是れ君臣、男女の人為るを言ふ所以なり。中に大小有り、前の八言は大なり。君臣の倫《みち》は人中の大為るに由るなり。後の八言は小なり。男女の倫は是れ平《あたりまえ》の倫《みち》にして小為り。

後の十五言は法談なり。是れ治世の軌則を言ふ。法為を言ふ所以なり。

本正しく立って従《よ》り標成る。是れ理の自然なり。科文すること是の如し。科文に依て学路を糾《きわ》むるは是れ神文を分ちて経に別つなり。

上の件は神文の科文を釈き、科文を次に解《ほど》い而《て》文の句の紛経に迷わざるは是れ学を致《きわ》むるの要道なり。

次に、神文は、正綱と従目とに分かれている。

人含からの七字「人含道善命報名《ひふみよいむな》」は、神文の正綱である。

その正綱の中に、人と法を分け、人含は人の根本の決まり、以下の道善命報名は法の決まりである。人含の二言が人間の正直の訓えであり、次の道善命報名の五言が法における原則である。それを更に分け道善の二言が体綱（本質）、命報名の三言が用綱《おおもとのはたらき》にあたる。

なぜならば、人は誰しもこの世に長くいきていたいと望むものだが、天道によらずしてその恩恵を蒙ることはなく、天道のもとに必ず人があり道がある。その道を極めて善があり、生命の健やかさと安寧を得るのである。その道を歩んで功を成し、道善の功徳を得ることができる。それが命報名の用きである。

人は神の分霊としての究極の位を含み得て生まれ、道と善の体を確立し、その命を正し、その報に幸いされ、名を佳くし、得られる功を用いられ、君子の道が全うされるということである。

親子以下の四十言は神文の従目であり、その中に標と本がある。

「親《や》兒《こ》倫《と》元《も》因《ち》心《ろ》顕《ら》錬《ね》忍《し》」の九言はその中の本目である。それは親子、君臣、男女の倫《みち》は心法の本で諸善、諸作の根本であるからだ。その中にまた人のことと法のことが分けられている。すなわち前の「親兒倫元因」は人は親子に始まるということをいい、後の「心顕錬忍」の四言は人生が露見《あらわれ》る法のことである。後の君以下の三十一言はその結果の用きをいうのである。なぜなら人倫の上下、内外をそれぞれ分け、心行の現象と事象を明かにし、それらによって本を修める、これを道として訓えられるからである。

　この中にまた、法と人とに分科している。前の十六言の「君《き》主《る》豊《ゆ》位《い》、臣《つ》私《わ》盗《ぬ》勿《そ》、男《お》田《た》畠《は》耕《く》、女《め》蠶《か》績《う》織《を》」は人の暮らしのありかた、君臣、家庭ついてを訓える。その中の前八言の「君《き》主《る》豊《ゆ》位《る》、臣《つ》私《わ》盗《ぬ》勿《そ》」は、君臣は公の道を訓える。後八言の「男《お》田《た》畠《は》耕《く》、女《め》蚕《か》績《う》織《を》」は、男女の倫、また個々人の常日頃の訓えに分かれる。

後の十五言、「家《え》饒《に》栄《さ》、理《り》宜《へ》照《て》、法《の》守《ま》進《す》、悪《あ》攻《せ》絶《ゑ》、欲《ほ》我《れ》削《け》」は法を表し、これは治世における規則であり、人が己を律するべきことを訓えるものである。

　本《もと》が正しく立ってこそ標《すえ》が成る。これは理の自然なことである。分科は以上の通りであり、人の道の学びを極めるために、神文を本と標に分け経《おしえふみ》とした。分けられた句の意味に紛れ迷うことがないようにしたもので、神文を学ぶために大切なことである。

※　疏　注釈書。

第二章

後天神文四十七言

人は生の尊きなり。天に曜《ひかる》神有り。之を天神《あまつかみ》と名《もう》す。天神は子を生むに地に降《くだ》る。之を名づけて地祇《くにつかみ》と名す。地祇は子を生むに怪を致《おこの》ふ。之を人倫《ひとのみち》と名ふ。故に人は天地の霊《かみ》、万物の尊きなり。道有る則は位し、道無き則は位を失ふ故に君子は其の位に慎む。是れ人為《た》るの道なり。

「人《ひ》」は生きものの尊きものである。天には天神という曜《ひか》る神がある。天神は子を生むと地に降る。これが地祇《くにつかみ》である。その地祇がまた其の子を生もうとするが独りでは出来ない。必ず生む為には怪しきを為す相手が必要である。相手との間には道がある。それが人の倫《とも》の道でもある。神はその倫《みち》の中に在り、その倫を失うたとき人は人ではなく獣と変わる。ゆえに君子はその人の神の位に慎み人の人たる道を生きる。ここに神と人の道が同じものになり、生命は窮まることがないのである。

含《ふく》むは自らに有《そなわ》るなり。

身には天地の徳有り。心に神明の徳有り。皆含み足らざるということ無し。人として含む天の徳を失ふて放逸に零《おちぶれ》乱れるは、是れ天命の罪人ならむ。

故に君子は其の天命に慎み、是れ含むの道なり。

上は綱中の人の極めなり。人を人為らしむるの正教なり。

「含《ふ》」は神の分霊《わけみたま》が人に始めから有ることをいう。身は天地の徳を吹き、心は神明の徳を表す。ことごとくその命に含まれてあり、何一つ足らないということはない。

天の徳を濁し放逸に堕落するのは天命の罪人である。ゆえに君子とは天命に慎み、うまれながら承け継いだ徳と心を守り、慎み、人の道を行く者をいう。これが含の道である。

以上は神文のおおもとの訓えの中の人の極めであり、人として正しく生きるための教えである。

道《み》とは心性なり。其の体、理虚にして乃《すなわ》ち明霊の造化の如し。其の用《はたらき》は仁義にして乃ち正淳なること天行の如し。体と用は一極にして以て静常なり。是れ道と道《い》ふなり。

「道《み》」は気と質と理をいう。その体は理であり虚であるが、明霊で万物を造化し顕し、証明するものである。その用きは情であり正しき仁義を以て淳《あらわ》されるものので、霊妙なる天の行を観るようである。気、質、理は一つに極まり常に静まる。これを道という。

善《よ》とは心行なり。人に向ふ則は仁にして其の蹟《あと》は正愛なり。物に向ふ則は義にして其の蹟は正宣なり。理に向ふ則は智にして其の跡は正中なり。事に向ふ則は礼にして其の跡は正節なり。人の性の性行は終日悪《わるごと》無し、是れ善の道なり。上は綱中の法の体なり。心を心たらしむるの正教なり。

「善《よ》」は心の行をいう。人に向かえば仁《おもいやり》、その蹟《いさおし》は正《かたよりな》く愛《いつくしみ》の行為となる。物に向っては義《つつしみ》であり、その蹟は正しきを明らかにすることである。理に向っては智《さと》り、正《かたよ》らざることである。事に向っては礼い正しき節度を以て行うことである。この仁智義礼の四つを信として行えば一日中悪いことがない。これが善《よ》の道である。

命《い》は生死なり。即ち身法の限なり。生にして罅《すきま》無くば死して悔い無き故に君子は日時に慎み、物事に憚り而命を以て命《かみのおおせ》に帰るなり。是れ命の道なり。

「命《い》」は生死をいい、この身のありかたの限りをいう。生きているというのは信に順ずることであり、そこに虚しさはない。よって君子は日々刻々に慎みを忘れず、慎重にまじめに物事に向きあい自らの役目を全うする。これが命の道である。

報《む》に善と悪とあるなり。善を累ねれば身家に酬《む》はる。天に順《した》ふ酬《む》いは幸を永くし、悪を累ぬれば刑落に酬《む》はる。天に逆らえば殃亡《わざわい》に酬《む》はれ、身の立つ報いを求めば身を純善に養い、身の廃《すた》れむことの報いを厭《いと》わば、清らかざるの業を作《な》さざれ。先神の報いは今の身の自由を免《ゆるさ》れず。今の身の報いは後の神の子孫と共に免《まぬが》れず。人間の要道は報極に在り、故に君子は其の報いに慎むなり。是れ報《む》の道なり。

「報《む》」は善悪禍福をいい、善と悪に分かれる。善即ち春《いつくしみ》、夏《さとり》、秋《しめくくり》、冬《いやまい》の信《まこと》の季心《とき》を常にすれば、その身とその家に報いがくる。この天の道に順《したが》うときは永き幸いを得られ、悪を累れば刑罰を受けることとなる。天の道に逆らえば殃となり、立身と幸福を求めるならば純善な心を保ち清らかに生きることである。先祖の為した善悪禍福は今の身に報い、今生の行いは後の子孫に報いないことがない。故に、人生において大事なことは神という己の本心に報いるよう慎むことである。これを報の道という。

名《な》は鳴声《ほまれのひびき》なり。徳行は誉れの声《うわさ》として、千歳に認められ罪事は辱めの鳴《うわさ》を百歳に残さむ。厚く清聞《ほまれ》を求め、深《きび》く穢聞《はずかしめ》を厭いて遠く慮り、敬《つつし》みを致し、誠に格《ただす》ことを以てするは是れ人倫の大務なり。故に君子は其の名に慎むなり。是れ名の道なり。

「名《な》」は鳴声《かちづけ》られることをいう。徳行は千歳、罪辱は百歳というように、清聞を厚くし、穢聞は深く厭いて、行く末を遠く慮り、その名に慎むところに人の人たる倫《みち》を遂げることができる。そういう意味において尊ぶべきは名である。これを名の道という。

上は綱中の法用なり。身を身たらしむるの正教なり。

上の件は人を人と為し、心を心と為し、身を身とするの理を釈きしなり。人を人とし、心を心と為し、身を身と為すときは天皇《すめらぎ》の天下は平《おさま》り、公君の國縣《くにあがた》は治まり、造《みやつこ》、首《おびと》の家も圃《はたけ》も理《おさま》り、庶人《もろびと》は身と田が修まる而已《のみ》、政教は他になし、是れ神文の学の正綱なり。

以上は主たる教えのうち、人としてのあるべき生き方の教えである。心と身とを正しく保ち行うときは、天下泰平の善き治世となり、人の暮らしも安寧となる。これが神文の教えの大原則である。

親《や》とは父母《かづいろ》なり。親は徳を以て児を化《みちび》き、慈《いつくしみ》を以て児と和《やわら》ぎ、羞《はじ》を以て児を立て、宗《もと》を以て児を習《まなば》すなり。是れ親の道なり。

「親《や》」は父《かづ》と母《いろ》をいう。親は徳を以て子を導き、慈愛を以て養い、羞じるを教えて子を育て、祖先と我が身の来し方のおおもとを伝え道を学ばす。これが親の道である。

児《こ》とは子娘《こども》なり。児は敬《うやまい》を以て親に事《つか》え、愛を以て親を養い、親しみを以て親に会い、善を以て親に報いるは是れ児の道なり。

「児《こ》（児）」は子女をいう。子は親を敬い、感謝し、慈愛と親しみと信頼を以て親のいうことを聴き、語り、善き人として生きて親に報いる、これが子の道である。

倫《と》は五倫なり。親と児とは睦《むつまし》きを以てし、君臣は義を以てし、兄弟は順を以てし、夫婦は貞《ただしき》を以てし、朋友は信を以てす。是れ倫の道なり。

「倫《と》」は伴《とも》の倫《みち》をいう。此の世の倫《みち》には五つある。夫婦の倫、親子の倫、君臣の倫、兄弟の倫、朋友の倫、これを五倫という。それには自ら伴なう倫というものがある。変わりなき情愛と互いを尊重し合う夫婦の倫、親しみの情の親子、君臣それぞれの義《ただし》さ、長幼相応しき友愛の兄弟の倫、信の絆でつながる朋友の倫、行の五つと心の五つを合わせて十《と》の倫《みち》となり、これを倫の道という。

元《も》は五の基《もとい》なり。夫婦有って親兒有り、親兒有って兄弟有り。兄弟有って君臣有り、君臣有りて朋友有り。其の夫婦有るの基は親と兒なる而己。厚く基に倚り深く基に止め親兒を以て先と為す。是れ元の道なり。

「元《も》」は五倫の基《もとい》をいう。親子の元は夫婦であり、兄弟の基は親子であり、君臣の基は兄弟であり、朋友の基は君臣という五つの倫だが、この五つすべての元は親と子にある。これを基とすることを元の道という。

因《ち》とは因恩なり。五倫には皆因有り。唯親子は気血を分つなり。五倫には皆恩有り。唯親兒のみ養育を眞にする故に不孝の兒は天地に置く處無く、不慈の親は姓氏の居《とどま》る処無し、是れ以て人と為《し》て其の孝を格し致《おこな》い、其の慈を忽《ゆるが》せにせざれ、是れ因の道なり。

上は目中の人の本にして人を人為らしむるの従教なり。

「因《ち》」は因恩をいう。五倫にはことごとく因がある。その因には親の気血をわけて貰った恩がある。特に養育という真《まこと》がある親子にあって、子の不孝は許されざることである。また慈《いつくしみ》なき親は姓名が継がれず途絶える。よって人は孝行を尊び行い、慈しみ養育することを大切にし、忽せにしてはならない。これが因の道である。

以上の親子倫元因の条目は、人としてあるべき道の教えである。

心《ろ》とは性と情なり。其の体は圓寥にして其の用《はたら》きは善亨なり。有所《あらゆ》る法則は心に化《なら》ざるということ無く、此の一は本に帰して位する則は面《ひとりびとり》々が君子と為り又、也末《また》に零《おちぶれ》て乱る則は口《ひとりびとり》々が賊子と為る。その君子と賊子との之《この》須《す》臾《ゆ》は唯、這の一《こころひとつ》に在らむのみ。

故に古今の教学は専らに心を修むるに止るなり。是れ心の道なり。

「心《ろ》」は性情をいう。圓《あまね》く寥《しずか》な霊《みたま》であって昧《おろか》ではない。その用きは善淳《すなお》さに在る。すべてこの世の法は心の化《な》ったものである。一《はじめ》の根本に帰れば、皆がみな君子なのである。どんな人でも零《よくをすて》なかったら口口《ひとりびとり》が賊と為る。君子となるか賊となるかのわずかな差は、この心一つのみに在る。故に古今の教学というものは、如何にしてこの心を修めるかに止まる。これが心《ろ》の道である。

顕《ら》は露見《あらわる》なり。人の性は常に密《うち》に在りて露見《あらわれること》は希《まれ》なる故に知り難く、或いは時々見《あらわ》すと雖も認めて是と為さざる故に得難く、或いは偶々認むると雖も察《あきら》かにして精《くわし》く別たざるの故に徹らず、或いは且、察《あきら》かと雖も理の極を尽くさざるの故に成らず、是を以て聖人は性の象《おもむき》を究め尽くして全体を露見《あらわ》すなり。是れ顕の道なり。

「顕《ら》」は露見《あらわれ》ることをいう。人の性はふだんは陰にあり表に顕れることは少ないのでわかりにくい。たまに見えてもそれが留まることはないので認めがたい。またたまに認めてもはっきりと是は是とはしない。そしてはっきりしたとしてもその理を極めないのでわからないということになる。よって聖人は本性を見究め尽くし全体を把握し、その象《すがた》を明らかにする。これが顕の道である。

錬《ね》は鍛折《ねりおる》なり。気識は性に接《まじわ》り、其の垢《はじ》は解難《ちらし》く、その塵《けがれ》は抜け難き故に、聖人は心を以て千々《ちぢ》に鍛え萬てを磨在《みがきま》し以て垢を解《とか》し、塵を抜いて密《かくしごと》を格し精《ただしきこと》を致《おこな》ふなり。是れ錬の道なり。

「錬《ね》」は練る、精進のことをいう。気、識はその性分に接し垢となって解け難いものである。それは塵となって容易に抜くことも難しい。故に聖人は心を千々に鍛え、万《すべ》てを以て磨き、垢を解くことに努め、塵を祓うことに工夫するのである。どうしたら、この密《かく》された塵埃を我が身から払除けるか格し、そこに精魂を致《そそ》ぐのである。これが錬の道である。

忍《し》とは堪《た》え懲らすことなり。気は縁に発《おこ》り以て位に安《やすん》ず。是れ、意の往還と情の起休を以て節《とき》に中り、理に応えて過《あやま》ち無く咎《とが》無きなり。是れ忍の道なり。

上は目中の法の本なり。法をして法たらしむるの従の教なり。

「忍《し》」は堪え懲りから逃げないことをいう。気はその縁に発るものであり、強力なときは消え難い。亦、情は物に縁ざし起こるもので、恣《ほしいまま》に休《よ》く致し難いものである故に聖人は皆、その気を懲らし、その情を堪え、心を安きに位《お》くのである。意の往還たる情を休くし、節《ほどほど》に中《し》て理《すじみち》に応えさえすれば過ちも咎もない。そこに忍《し》の道がある。

以上の条目は法の基である。法に則って生きるための教えである。

君《き》とは王上なり。公に以て政事を布《ほどこ》し、仁を以て臣庶を道《おさ》め、和を以て四海を法《したが》え、勇を以て四夷を制するは、是れ君道なり。

「君《き》」は王上《きみ》をさしていう。王は、理《すじみち》を公《あきらか》にして政を布き、仁《なさけ》を以て臣と庶々《ひとびと》を導く。そして和を以て四海を治め、勇徳を以ては四夷《もろもろのあく》を制《いまし》める。これが君の道である。

主《る》とは領《すべ》持《たもつもの》なり。國を主《つかさど》りて二主に委ねず、民の主として二主を立てず、法を主《つかさど》りて二主に禅《ゆずら》ず、貢《みつぎ》を主りて二主を免《ゆるさ》ざるは是れ主の道なり。

「主《る》」は領《おさ》め統《すべる》ことをいう。世の中に主の位は一つである。天にも地にも二つはなく、民の貢を受ける主も後継者も独りでありニ王は認められない。それが主の道である。

豊《ゆ》とは寛饒なり。其の象は維れ大、其の事は是れ胖《ゆた》か、其の慮りは維れ弘く、其の行いは維れ温《おだや》かなるも偏る則は能わず。悋なる則は能わず。猥るる則は能わず。是れ豊の道なり。

「豊《ゆ》」は寛饒《ゆたか》さをいう。そのかたちは大きく祥《さいわい》なる事であり、周りにも温く、よく心配りする。すなわち偏らず、吝《おしま》ずに、節度をもって猥《みだれ》ることなく交わり、その中庸《ただしき》にとどまる。これが豊の道である。

位《い》は尊《とうとぶ》の限なり。道を重くし己に重《かたむけ》ず、重きこと其の中に在り、徳を高めて己を不高《たかぶらず》、高さ其の中に有り。功を威《たけ》くして己を威くせず、威きさは其の中に在り。政《まつりごと》を厳かにして己を厳かにせず、厳かさは其の中に在り。是れ位の道なり。

國に君有りと雖も君の道無き則は朝《おおやけ》に羞じむ。朝を得ると雖も主を得ざるときは虚しからむ。主を得ると雖も豊かならざる則は敗れむ。豊かに成れりと雖も位に至らざる則は危ふからむ。

君、主、豊、位、同《とも》に得て君道は正しきなり。

「位《い》」は尊さの限りをいう。およその位の尊さは、その心の置き所にある。道を尊び、その位にふさわしく在ることが大事である。徳を厚くし驕り高ぶることない姿勢がその位の高さを表す。功を威くしされどやさしさは失わず、威きさは己ではなく行いの結果そのものである。政は私を入れず厳かに、淡々粛粛と遂げる。是れが位の道というものである。

君主がいたとしても、道に外れた君主であれば朝廷の政はうまくいかない。また朝廷に君主がいなければ成り立たない。君主がいたとしても国が貧しければ他に敗れる。豊かだとしても上に立つ者が位にふさわしくなければ続かない。君主と豊かさと位が同時にあって君の道は正しく行われるのである。

臣《つ》とは卿官《まちぎみ》なり。忠を以て朝に事え、義を以て官職を理め、文を以て司猷《つかさのり》を奉り、武を以て司征を奉るは、是れ臣の道なり。

「臣《つ》」は卿官、天皇に使える高位の公卿をいう。臣の道は、忠《いつわりなき》心を以て朝《おおやけ》に事え、義を以て国事を理め、文《ちしき》を以て政に参じ、武《つよさ》を以て政を征《ただす》ものである。これを臣の道という。

私《わ》とは己に依るなり。他を放ちて自らを搾えるに法を枉げ曲《よこしま》を謀るは、是れ自らの邪なり。

「私《わ》」は私《えてかって》な自分本位のことである。周りを退かせ自分の思うままを通そうとし、法に従わず勝手をする。これは人の内にある邪である。誰にもある「私」が、人格完成の妨げとなることを自覚し慎まねばならないことを訓える。

盗《ぬ》とは奸邪なり。官斂を拒み官事を私し、君権を劫《おびやか》し君威を奪ふは是れ奸邪なり。

「盗《ぬ》」は奸邪をいう。奸邪とは謀りごとのために偽りを言い、公の決め事に従わず私利私欲に傾き、君主に逆らい、その威力を畏れず邪を行うことをいう。

勿《そ》とは警《いましめきんじること》禁なり。私の欲を陰《ひそか》に取り、皆く解除《はらい》て、臣道を清く全ふするは、是れ禁《おきて》の道なり。

朝に臣有りと雖も臣道を得ざる則は官の羞《はじ》なり。官を得ると雖も私を竭《つく》さず、盗を離さざる則は臣者に非ず。故に臣道立つるは勿の道立つるに在り。勿の道立って私も竭き、盗を離れて後に臣の道立ち、臣の道立ちて朝の臣なり。

上は標《すえ》の中の人の大、小をして人為らしむるの従教なり。

「勿《そ》」は警《いましめる》禁ことをいう。神の前に無心になり、私《えてかって》の欲をすべて祓い除き、禁を守り清い心で臣としての道をやりとげることである。これを禁《いましめ》の道という。

朝廷に臣がいたとしても臣の道から外れていれば臣の役目は務まらない。役目を蒙りながら私心を除かず盗（私欲）を離さないのは臣とはいえない。故に臣道は、私を滅し禁を守る勿の道を立てることで成り立つのである。禁を守り私を滅し竭して盗から離れて、臣道ははじめて立つものである。臣和盗勿の道の全てが成り立ってはじめて臣の道が立ち、臣の道が立ってこそ朝廷の臣といえる。
以上は標の条目のうち、人の道の大事と小事を教えたものである。

男《お》とは即ち夫《ますらお》なり。恒に外の世に在りて人と会ふに法式、家屋、粮具を治むるなり。是れ男の道なり。

「男《お》」は夫をいう。およそ一人前の男たるものは、外に出て人と会うために法式を修め、家屋を造り食料と道具を持つ。それを保ち治めるのが男の道である。

田《た》とは佃耕《たづくり》、澤懸《さわがけ》、種苗の七七する是れ田の道なり。

「田《た》」は佃耕《たがやす》ことをいう。田というものは沢《うるおい》を懸け（水を入れ）種苗をたくさん植えて命根《いね》を育てる、これが田の道である。それにより人は仁（うるおい）をかけて生活を営むことを天照大神に学ぶ。それが田の道である。

畠《は》とは鋤《すき》し、蒔養《たねまき》し、抜植《そだ》て畦に菜を培ふ、是れ畠の道なり。

「畠《は》」ははたけをいう。畑は鋤助を以て作物を養う場である。即ち穢れを取り去って苗を長く育てるところである。また蒔抜の場である。畦菜の場でもある。植え、抜くなど必要な作業を行い菜を育てる処である。植培は土を替え植えるということであり、人なら心の根替えをする場といえる。これを畠の道という。

耕《く》とは草を除《とりのぞ》き、土を反《かえ》し、田の五、畠の三、是れ耕《く》の道なり。

縣《あがた》に男有りと雖も男の道に力《つと》めずば民家は治まらず。治まること有りと雖も田畠の稼業正しからざる則は穀《こく》の貢《みつぎ》も虚しからざらむ。民の稼ぎ正しきと雖も不時《ときならざらしめ》使ば農作は虚しからざらむ。農《たねまき》虚しく穀虚しき則は、天下は則ち飢えむ。天下飢える則は乱に至らむ。故に男の道は天下を平《しずむ》るの根なり。

「耕《く》」はくさをきることをいう。草は種《くさ》であり品《くさ》である。田、畠にとって妨げとなるものを恒に刈り取り除くことは、人の心の妄想邪僻を取り除くことに通じる。日々反省することが耕の道である。

地方の料地に男がいたとしても田畑を耕し作物を作らなければその家は立っていかない。たとえ家があろうとも田畑の仕事をまじめに勤めていなければ国に穀物を貢ぐことができない。家々の男が働いたとしても天候が悪ければ作物は実らない。作付けがうまくいかず穀物が育たなければ、人々は飢え世の中が乱れることになる。ゆえに男の道は天下泰平の根本である。

女《め》とは娘婦《おみな》なり。恒に内、世に在りて糧食《かて》を治むるに蒸炊《むしかし》ぎを作《な》し、衣を縫い洗いなすなり。是れ女の道なり。

「女《め》」は婦人と娘をいう。女は恒に内に、世間に在って食べ物を蒸し炊きをして作り、衣服や身の回りのものを縫い、洗いて清潔を保ち整える。これが女の道である。

蚕《か》は羽因り桑を取み、宿養《まもりかい》し繭を分《とる》こと、是れ蚕《さん》道なり。

「蚕《か》」はかいこを養うことをいう。蚕は羽、つまり桑の葉を摘み与えて養い、繭を分かちて糸を採ることである。清潔にしないと育たない。これが蚕道である。

淮南子に「日は桑野に至り是晏食を謂ふ」とある。桑は東を意味し、東は清いことを意味した。また五行志に「皇后、桑蚕《かいこ》を以て祭服を治む」ともある。

績《う》は麻を制《さ》き、綿を治め糸を経《おること》なり。是れ績の道なり。

「績《う》」は生むことをいう。麻で綿糸を制え経《たて》糸と緯《よこ》糸を交り紡ぐのが績の道である。また先祖からつながる血縁は経糸、自分の身体が緯糸で、そこで命を生み育てる役割が績の道である。

織《を》とは布を作り、縑《きぬ》婂《あや》を作り、紋《もよう》綾《をぬい》繍《とり》す。是れ織の道なり。家に女有りと雖も女道に努めざれば家業は治まらず。治り有りと雖も遊んで蚕、績、織を忽せにする則は國に衣服無くならむ。衣服の無きときは王公にして尚ほも衣著《きもの》乏しからむ。況んや庶人に於いておや。那ぞ天下に安きこと在らむ。上は標の小人に中《あた》る、人をして人為らしむる従教なり。

「織《を》」は他と交作《おりな》すことをいう。織るとは経と緯の五十《いと》が交わり、そこに縑《ふたぎぬ》が作られ綾が編まれる。五十音によってさまざまな言葉が表れるように経緯《たてよこ》の糸で綾が織りなされて一枚の布となっていく。経緯の糸の交わりをよくすることが織の道である。

家に女がいてもその道を努めなければ家中は治まらない。怠けて蚕を養わず糸がなければ績むことも織ることもできず生地は作れず衣服が無くなる。衣服が無くなれば王も貴族も着るものがなくなる。ましてや庶民にあるわけがない。どうして世の中がおだやかになるだろうか。

以上は庶民の、人が人であるための精しい教えである。

家《え》とは屋宅なり。堂室※、埃状、門戸、垣壁、是れ家の道なり。

「家《え》」は家屋のことをいう。家は堂と室に住み、灶※床、門戸、垣壁などで守り、家族たちが安らぐところである。共に食べ一つに暮らす生活の基となる場であり、先祖の心と結ぶ場とするところに家の道がある。

※　堂室　先祖を祀り今の家族が一つ処に共にあること

※　埃状、灶床　かまど、使用人の意味も重なる。

饒《に》※とは富福なり。衣食、財貨、調具、奴婢、是れ饒の道なり。

「饒《に》」は富福をいう。富には物の富と心の富とがある。この道は到富立道にある。衣、食、、財貨、家財、奴婢を含め不自由なく暮らせる時、同時に人としておもいやり深くし身内ばかりでなく皆に喜びがあるように努めることが饒の道である。

※　饒　寛恕、饒益

栄《さ》とは昌盛なり。官禄、子孫、類族の門を栄えさすこと是れ栄の道なり。人は家を造ると雖も家道修まらざる則は荒まむ。家修まると雖も饒を修《おこな》わざれば衰えむ。饒を作すと雖も栄に欽《つつしま》ざる則は家を亡ぼさむ。家《え》、饒《に》、栄《さ》は倶《とも》に位して家の道は焉に建つなり。

上は標《すえ》の事法に中るなり。法をして法たらしむる従教なり。

「栄《さ》」は大いに昌盛《さかえ》ることをいう。栄えるというのは公に奉え、またその志を子に継がせ、一族の誉れとしてそれを絶やさないことである。人は家を造っても家の道を修めていなければ保たれない。家があっても饒かでなければ家は衰える。

饒かであっても驕り慎みなくなれば家は亡びる。家、饒、栄がともに治まってこそ、家の道が成り立つのである。

以上は物事について、法に則って生きることの教えである。

理《り》とは事の徑《すじみち》なり。愛しむべく制《おさ》むべきなり。是と非と敬みと辟《しりぞ》きとは理の道なり。

「理《り》」は起きることすべてのすじみち、諸々の法則をいう。理の道は、諸々を大切にし、事の善し悪しを究め、敬いとつつしみを以て認め、行わねばならない。虚形霊息、空心妙性、冥生玄極、気幽依矣と表す、人知の及ばない処ですでにはたらいている真理である。この理に沿って生きる道をいう。

宜《へ》とは當然なり。政を正し倫を和げ能く善業を用いるは是れ宜の道なり。

「宜《へ》」は的確なやりかたを然るべくして行うことをいう。正しき政治とは、関わる者たちとよく話し合い、納得し合って善い施策を用いることである。相和し、その中を採ることが宜の道である。

照《て》とは明察なり。紛を別かち、迷いを解き、物を正しく、微を尽くすこと、是れ照の道なり。

聞くこと有りと雖も理を学ばざる則は備わらず。理を知ると雖も宜を修《おこな》わざる則は益無し。宜《へ》を修むると雖も照らすに格《いた》らざれば昧《くらきこと》有り。理《り》と宜《へ》と照《て》を倶《とも》に建って理の道は全ふす。

「照《て》」は明察《みきわめ》ることをいう。すべて紛らわしさをより別け、迷いを無くし、細かいところまで徹底して解き明かすことが照の道である。

聞いたとしても理がわからなければ理解したとはいえない。理がわかっているとしても周囲が納得するように話合っていなければよくはならない。話し合い和したとしても、詳細まで明かになっていなければ間違うことがある。理と宜と照をともに行って理の道は全うする。

法《の》とは、聖の度《はかり》なり。天に應《かな》い人に應う古の善と今の善、是れ法の道なり。

「法《の》」はこの世の奥義を深く知り徳の優れた人が物事の善悪をはかる基の定めをいう。それは天の心に順い人の世を善に導くことが、古来も今も法の道だからである。

守《ま》とは伏《したが》い持《たも》つことなり。軌《みち》に伏い、則《のり》を持ち教えの如く警《いましめ》の如くするは是れ守の道なり。

「守《ま》」はあるままに従い、たもつことをいう。苟《いやしく》も守りの道というものは、軌《すじみち》にしたがって、決まりどおりに教えにしたがい、警《いましめ》どおりに行ってこそ守の道である。

進《す》とは前《すすみ》て勤むるなり。倦むこと無く、怯えること無く、怠り無く、怱《ゆるが》せにすること無きは、是れ進の道なり。

学有りと雖も法に明かならざる則は焉《まさ》に迷はむ。法に明かなりと雖も守り固からざる則は空しからむ。固く守ると雖も進んで行わざる則は廃れむ。法《の》、守《ま》、進《す》と倶《とも》に立って法の道は全きなり。

「進《す》」は前向きに働くことをいう。物事を倦怠せず、確信を持ち、怯えずに行うことが進の道である。その反対は止まるであり、善を止めないことが進の道である。

学問をしていても法に精通していなければ迷うこととなる。法に精しくとも、守り固めていなければその意味なく甲斐もない。しっかりと守っているとしても、常に気をつけて守っているのでなければいつか廃れてしまう。「法、守、進」

の三つはともに立っていてこそ、法の道にかなうものとなる。

悪《あ》とは善に反れることなり。理に背き義を失い、法を破り恩に逆らふは是れ悪邪なり。

「悪《あ》」は善に反することをいう。それは理に背き、義を失い、法を破り、恩に逆らい悪意と邪気を持つことである。天照大神の大嘗、御営田、幡織という御業に因む人の生業、即ち耕織造家という暮らしを立て、幸いに生きる道を妨げる行いが悪である。

攻《せ》とは誅撃《せめうつ》ことなり。過《とが》を拂い罪を治め、悪を殛《しりぞ》け逆を討つなり。是れ攻の道なり。

「攻《せ》」は誅め撃つことをいう。過ちを止めさせ、罪を無くし、悪を殛《ころ》し逆を討つとは反逆者を攻め滅ぼすことである。これが攻の道である。

絶《え》とは孝を断泯《たちき》るなり。払うことも無く、治むることも無く、殛《つみな》い尽くし、討ち断つこと、是れ絶《え》の道なり。悪を増すと雖も専ら攻めざる則は退かず。専ら攻めると雖も絶《たや》し得ざる則《とき》は増を離れず。悪《あ》、攻《せ》、絶《え》と倶《とも》に立て、悪邪は泯《ほろ》ぶなり。

「絶《え》」は未来を断絶させ泯《ほろ》ぶことをいう。悪を払い身を治め正さなければ、いずれ亡びる。罪を責め断ちきり、絶やすことが絶の道である。増える悪を攻めなければ退くことはない。いくら攻めても絶やし尽くせなければ増えるのを止めることはできない。悪、攻、絶の三つをともに立ててこそ悪邪を泯ぼすことができる。

欲《ほ》とは求め望むものなり。利を専らにして貪りを厚くし色を需《もと》め名を庶《こいねが》うは是れ慍《むさぼり》邪《よこしま》なり。

「欲《ほ》」は求め望み欲しがることをいう。恣意を押しとどめず、欲のままにあらゆるものを欲しがり、名利を求めるのは邪の限りを尽くすことである。

法華経の序品第一に「妙光法師の八百人の弟子の中に求名と呼ばれる弟子がいた。常に懈怠心を懐き名利に貪著し厭くこと無く族姓の家に遊び、習い誦んだ身を修める道を捨て廃忘《わす》れて通利《りかい》しなかった。その求名が一念発起し善行を積み、無数の仏に仕え供養し心を修めた。そして文殊師利菩薩が語った。弥勒よ、あの時の妙光は他ならぬわたしであり、あの怠け者の求名はあなたでしたと。そして本当の尊さを知り仏となるのが弥勒であると伝え、懈怠者とは汝の身であり、妙光法師とはこの我が身のことをいうのであると教えた」とある。

人を愚かにするものは欲でしかないことを説き、欲から離れた尊さを説く。神仏二法に共通する教えである。

我《れ》とは人の吾なり。天は我を廃し、人は我を立つ。私の根は欲の本なり。是れ人の邪なり。

「我《れ》」は人の我のことをいう。天《かみ》は我を捨てて公にある。それに対して人というものは我を立てて私《きまま》を第一に執着する。欲の本は、この我という私のガである。その我《が》とは人の邪《よこしま》であると知ることが大切である。

删《け》とは割損《さきそこの》ふことなり。貪欲を割《きりはな》ち、人の我を剗《ころ》し剥ぎ損ふこと、是れ删《け》の道なり。

夫《それ》、欲の害を為すこと、百非《よろずのあやまち》は是に従って興るなり。我の毒為るの千咎《せんのとが》も是が基《もと》なり。其の底を窮め、根を窮め、是を鐫《うが》ち、之を断ちて道徳は位する爾《のみ》。

上は標の理法に中るなり。法を為して法たらしむるの従教なり。

「刪《け》」は削ること、割き、ばらし、原形を損なうことをいう。欲を貪るのを割くのは、私《えてかって》を捨て皇天の心と齊しくなることである。人の我《きまま》を劉《ころ》し剥ぎ、神明心を迎え入れることが刪の道である。

欲の害は多くの非道なことを引き起こす原因となる。我の毒による千万の咎も同じである。その奥底にあるものをよく知り、それを刺し貫き、絶つことによって道徳が際立ちその大切さがわかるのである。

以上は科々の意味を説き、法の必要性を教えるものである。

上の件は、人の標と本、法の標と本、人の大小、法の事理を釈き、品を分かち修を別かち、学路の紛差《まぎらわしさ》を解きて正達を得るの理なり。

是れ、神文の学の従目なり。

以上は人の道の科々と原則、法の科々と原則、人の公と個人、法の事と理を説明し、それぞれのやり方を示し学ぶ上で誤らないように教えたものである。

これは神文の学びの細則である。

第三章

太子の答申　神文の解読について

神文四十七言の縁起については、先代旧事本紀大成経第十巻天神本紀（下）にも記されています。

ある日、推古天皇は摂政である聖徳太子に、

「太子よ、四十七文字の神文があって神社などにもお札として蔵されているが、あれは天照大神から大己貴命に降されたまう神勅と聞く。今ではこのことが何を意味するのかを知る者がいない。あなたはこれを誰にでも判るように解いてみてください。」

と仰せになりました。このことについて太子の臣下である秦河勝は、神文伝の序文に

「道というものは天（たかあまはら）に具わっているもので、皇天の仰せたまうところのものであり、全ての神勅（みことば）はその理に因みて発されているものである。」

と述べています。

天皇の詔を受けた聖徳太子は、当時の碩学を動員して研究されました。しかし神文に関する古文献はなく、全く何を意味している神勅なのかほとんど判りませんでし

た。

太子は、これは神文である以上、その神文を釈きあかすには自分自身がまず神の境地に立ちかえって向かわなければならないと、斎《ものいみ》し、慎んで臨まれました。

そして現れた神、古老の※久延彦神《くえびこのかみ》によって覚られることとなり、次のように天皇へ応えられました。天照大神の神勅を肇めに受け賜った神、大己貴命が芦原中國を治め国造りをしていかれるのを助けたのもこの神でした。（ちなみに一般的には神代のことを神話という物語、架空のお話として読まれますが、先代旧事本紀大成経では同じような場面であれ、記紀などとは異なり、次々に登場してくる神の名が何を意味しているのかを読解する必要があります。）

では、話を戻します。太子はこの神より神文の意味を諭され理解することができました。

「陛下、この神文は天の数と地の数と、上下それぞれ二十三文字に別け、まず神とは何かを教える言葉で構成されています。それは上から二十三文字の次と、下から二十三文字めの前は「そ」という音字になっています。

この「そ」こそは、上にも片寄らず下にも片寄らず、高天原の神明の奥深さを示し、生命の根源、神のみはたらきが秘された語であるとわかりました。

久延彦神は、「凡そ上天《たかあまはら》の数というものはまことに幽玄《おくふかい》ものである、それは「そ」の音で表すように、人が思い測ってわかるものではない。人知では測り知れずとも天に判らぬものは何もないのだが、神のみぞ知るというには訳があるのだ。人が知れば害を招くことは秘されて然るべしだ。それまた理である」といわれたのです。

これにより天照大神が数を以て教える法則を神勅されたのには、深い御神慮があってのことであると理解しました。

なぜなら、この世の万物は、神世七代の独化天神《ひとりなりませるあまつかみ》と倶生天神《ともになりませるあまつかみ》とのはたらきによって生み成されます。その神法は九重の天と、地、相生の五行の数で表され、その道があります。また人は中心に皇極を建て、吉凶の分岐点である政道の要点もここに秘められているということがわかりました。

この神文の中に、「お、ゐ、ゑ」の三文字があります。この神音の一つ一つについて検べてみますと、「お」と「を」、「ゑ」と「え」とあり、二文字は一方は軽い平声、一方は重い側声となって二文字とも一つに用いられるものとなっています。

又、「ひ、へ、ほ、」の三文字は、「ゐ、え、を」の音と隻子となって通じあえるようにできているのです。たとえば「人（ひ）と位（ゐ）」が通い、「箙（やなぐひ）」という場合に「ひ」と「ゐ」は同音に使われます。又、「お、を、ほ」の場合も共通します。「大空（おおぞら）、太空（おほぞら）、大空（おをぞら）」のように、「おゝ」「おほ」「おを」と共通しています。又、「人（ひ）と績（う）」の場合は、言葉の尾に二意は共通します。例えば「愁（うれひ）」「愁（うれう）」の共通の如くです。

かくの如き仕組みの妙は到底人知の及ぶ世界ではありません。まさに天照大神の御心にて表し得るものでございます。」と奏上しました。

推古天皇は応えてさらに詔されました。

「よく判った。先天のヒフミ四十七字は言のみで動きがない。後天の四十七字は韓《から》から貢された文字に書き直されているが、この事に対して説明せよ。」

皇太子は次のように曰われ返答されました。

「陛下、この事に対して御説申し上げます。先天の文字の観方としましては、「ヒフミヨイムナヤコトモチロラネ」の上十五文字を人間の数とし、それに王《きみ》の徳の「シ」の一字を加えて十六字と観ます。

中の「キルユイツワヌソオタハクメカウ」の十五字を、天上《かみ》の数と観て、天の徳の「ヲ」の一字を加えて十六と観るのであります。

下の「エニサリヘテノマスアセヱホレケ」の十五字は黄泉《よもつくに》の数と観ます。この四十七文字を「天、地、神、人、物」の五つの行の方法の根本と訓みます。

ひふみよいむなやこともちろらね（上十五字・地、人間）＋し（君主の徳）＝十六字
きるゆゐつわぬ**そ**おたはくめかう（中十五字・天上、神）＋を（皇天の徳）＝十六字
えにさりへてのますあせゑほれけ（下十五字・黄泉、もの）＝十五字
※　そ（上下の間、上から二十四番目の数詞）神のはたらきを表す音字

表向きは、この神文は数音だけのように作られ意味なきようにみえます。しかしほんとうは深い神慮を秘めているのです。

神代の文字の操作というものは、単に数だけのように成っているのがその特色です。そして韓の文字の裏には訓（おし）えというものが含まれています。その文字を宛て訓とし章句を作ります。そして内にある理を克明に検討してゆきますと、体、相、用の三つに分かれて才《はたら》く道があることが判るのであります。

すなわち一つはその体で、善の道を修めねばならぬ達道の方法を示しています。二つめはその相で、人は神に繋がる霊を抱いて存在するということです。それは親子に、男女それぞれの親から連なっていきます。三つめはその用で、家を饒かにし、理は宜しきに従い、法は守り、悪は絶ち、欲は砕き、私《えてかって》を削る、というように用《はたら》きがあることを訓えています。」

太子は、神文の一句一句の意味をこのように解説し推古天皇へ申し上げられました。

※　久延彦神《くえびこのかみ》　大己貴命《おおなむちのみこと》（大国主神）が芦原中國を治め造っていく最中に顕れた少彦名神《すくなひこなのかみ》の名を教え、共に国造りを助けた神。神の中の奇しき神なり（霊宗）と記されている。

四十七文字に表された人生のありかた

一、「一二三《ひふみ》」と書かれた神文もあり、これも「人含道《ひふみ》」に通じます。人は神をその内に含みて生きていくということを訓《おし》えた言葉であり、これが神文の綱《おおもと》であり本題です。つまり、人とはいかなる存在なのかを表しています。

二、「四《よ》」は「善《よい》」に通じます。先祖から親子へとつながる関係を経《たて》の道とし、親を通じて神に亨り、また兄弟、伴侶を通じて世の中に通る緯《よこ》の道があります。子を通じ未来につながる経《たて》の道は、天つ神の心に己を合わせ現世を生きる緯《よこ》の道と交わり、この四つが人生の綱です。善は、生きかたの根本を訓えています。

三、「五六七《いむな》」は「命報名《いむな》」に通じます。命は先祖《さきつみおや》の報いの名《あらわれ》という訓えです。善い事を成し子孫に伝えていく、繋がっていく命が生きた証となり名《あらわ》される。この命の用《はたらき》は前にあった善に応じています。

四、「八九十百千《やことももち》」は「親兒倫元因《やことももち》」に通じます。この世は神の仁《めぐみ》が親《や》から伝わったものというのです。人は神の分霊《わけみたま》、つまり兒《こ》（子）である。陽と陰（五＋五）が合わさった十、倫《と》です。そして夫婦の倫《みち》、親子の情、兄弟の序、君臣の義、朋友の信などそれぞれの絆の五倫が生じ、諸々の因《ち》となるのだということです。

五、「萬良禰之《ろらねし》」は、「心顕錬忍《ろらねし》」に通じます。人の心は神から維《つなが》りきた魂の顕れであるということです。そして、元々は清い心が天降ったが為に垢、汚れがつきます。それを人の世で鍛え錬られることによって除く。除いたところに再び垢をつけないようにするには誘惑に堪え忍ぶことであり、神の分霊《わけみたま》である我が身を損なわずにいるには縁《よ》りつく妄念を避け、払い除くしかないということなのです。倦まず懈怠なく精進する錬忍《ねし》の道を訓える言葉です。

六、「饑留由韋《きるゆい》」は、「君主豊位《きるゆい》」に通じます。君たる主とは天下の富を主《つかさ》どる者であり、その位は人々の五倫を主《つかさど》る道にあります。これは皇天《うえつかみ》の心を示す訓えです。

七、「都和奴曾《つわぬそ》」は、「臣私盗勿《つわぬそ》」に通じます。私（に偏り）盗んでは勿《ならな》いという戒告の言葉です。前の「きるゆい」は君としての心のあり方、この項では「臣」としての心得るべきことを訓えたものです。

八、「遠多波久《おたはく》」は、「男田畠耕《おたはく》」に通じます。男性の役目をいい、田に天の水の用《はたら》きを示し、畠に育てる用きを示す音子《ことば》です。田畠耕《たはく》の道は天照大神の御営田《みつくだ》のつとめであり、稔らし暮しを立てていくことを道を訓えたものです。

九、「米家宇於《めかうを》」は、「女蚕績織《めかうを》」に通じます。天照大神より男の耕《く》の道、そして女の「織《を》の道」を降され、暮しを営みます。幡織りの神は若昼女貴神《わかひるめむちの》、市道日女《いちぢひめの》神といいます。糸を織り績むことは女が身体に命を宿し育てることにも重ねられ、その役目を訓えたものです。

十、「衣爾佐《えにさ》」は、「家饒栄《えにさ》」に通じます。家をゆたかに栄えさすことをいいます。天照大神の御神業の前記の耕織《くを》の道すなわち「みつくだ」と「はたおり」は、人の世で朝廷と家庭が神と共にあって営む道を訓えたものです。

天照大神の大嘗《おおなめ》は、人間にとっては「家」を創造することに当たり、先祖と一緒にその年の実りを申し上げ、共に食をいただくことなのです。朝廷には天照大神の祭礼があり、個人の家には氏神の祭礼があります。これは神と人が維《つなが》る道であり、神に対して神楽、人には礼儀を、それは吝嗇《りんしょく》にならず饒《ゆた》かにあらまほしと訓えた古来の慣いです。

十一、「理宜天《りへて》」は、「理宜照《りへて》」に通じます。理は宜しきに従ってこそ明らかになるものであるという中庸の道の尊さを覚らせる言葉で、無心であってこそ神が用《はたら》くという意味です。

十二、「能麻須《のます》」は、「法守進《のます》」に通じます。天地の法則を守り、それを進める意義の大切さを訓えたものです。

十三、「阿世恵《あせゑ》」は、「悪攻絶《あせえ》」に通じます。およそ人としてその生命を守ろうとするには、悪と判れば攻め、それを絶たねばなりません。神道の正《まさごと》を己に留め行うには、邪《よこしま》と僻《ひが》みを除くことです。神に頼る心、神を恐ろしいとする心は人の僻みからくるもの、悪しき霊、妄念を心身から滅せよと訓えています。

十四、「欲我削《ほれけ》」は、同じく「欲我削《ほれけ》」です。我が儘の我欲を削りとること、我執、貪欲、放埓という三毒を我が身から削るのが潔斎《きよめ》です。執着しているものを手放すことは身を削る思いであろうけれど、そのように痛みを伴うほどに潔斎とは厳しいものという訓えです。それゆえに、前にある「りへてのますあせえ」の教えの大切さが響いてきます。

古代文字とひふみ四十七文字

「ひふみ四十七文字の神文」というのは、天照大神（陽徳）から国照大神（陰徳）に降ろされた神勅とされるもので、古い神社に遺されています。そのほかに各地で何十種類もの古代の文字いわゆる神代文字の遺跡が発見されてきました。古代文字は人々の興味をそそるものですが、その意味するところが不明では好奇心に留まり、誤ったとらえかたや使いかたをすることにもなります。

次の五種類は先代旧事本紀大成経に因むものですが、古事記、日本書紀にはありません。それまでわが国には文字がなかったとしてきた学説からこの四十七文字の存在は除外されてきました。記紀の説明では神話、神学、神代七代地神五代の区別、天孫と皇孫、天皇と皇帝、天帝と天后などの区別が混沌としています。そのため神道の偏りのない理解がされないまま、神文にあったこの国の宗の教えの根幹が失われてきたといえます。

この四十七文字の神文には、人が善く生きる方向が簡潔に示されています。神代文字を当時（推古朝）の文字を仮字として用い置き換えて、一語一語に神の訓えを表した太子のこの偉業が埋もれてきたのはもったいないことです。

神文の言葉の韻、言霊は人が神に学ぶ元のてがかり、緒となるものです。その韻を心身に感じとるために併せて神学（宗徳経や神教経）を知ることも必要ですが、神文を唱えることから始めるのもいいかと思います。もとより備わる霊しきの感受性を呼び覚ますことができるからです。

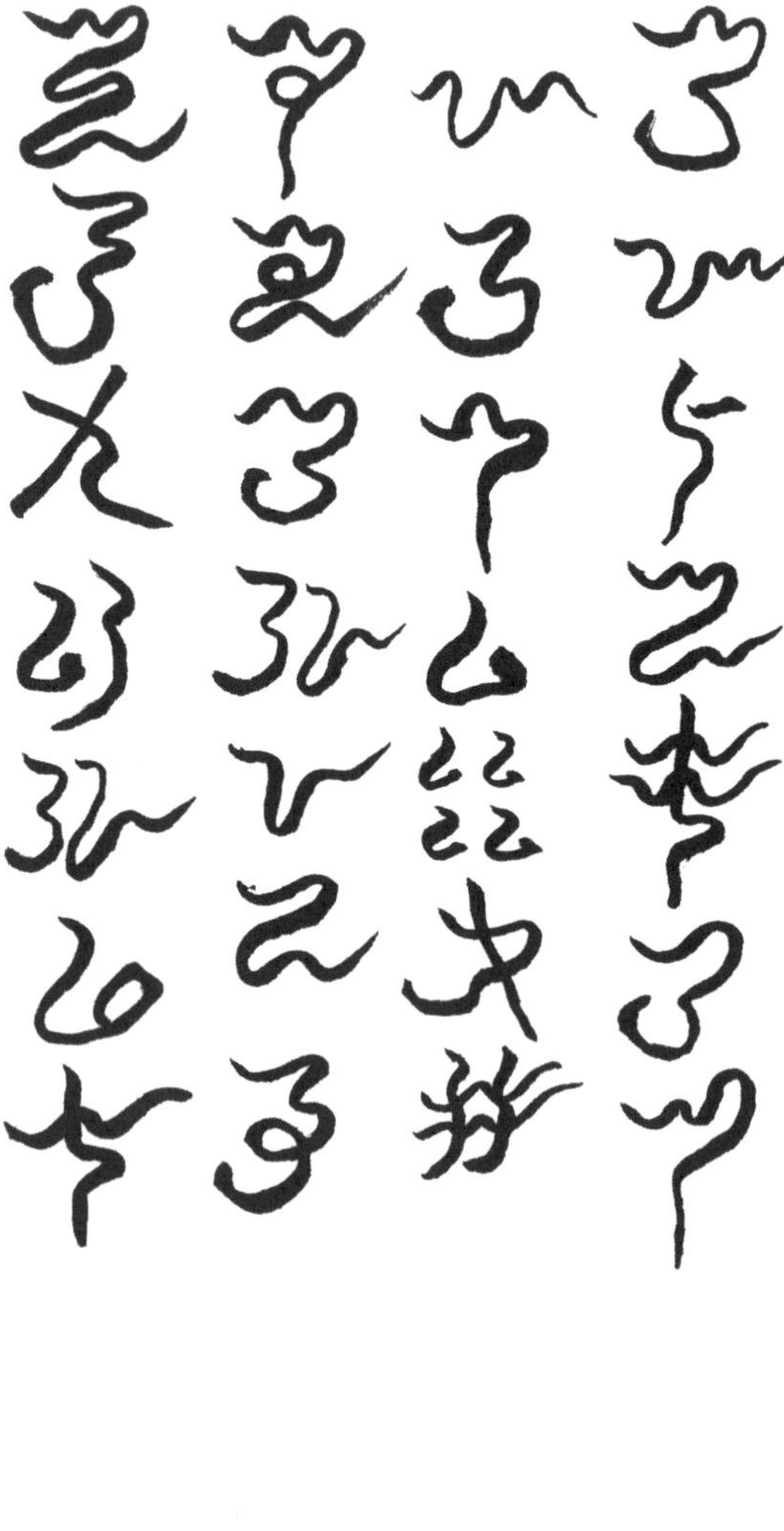

天日文字《あひるもじ》、天日草形文字《あひるくさかたもじ》、（阿比留文字、阿比留草文字）。

一《ひ》二《ふ》三《み》四《よ》五《い》六《む》七《な》　八《や》九《こ》十《と》百《も》千《ち》　萬《ろ》億《ら》兆《ね》京《し》　稀《き》垓《る》壌《ゆ》溝《る》　澗《つ》正《わ》載《ぬ》空《そ》　藐《お》北《た》遥《は》玄《く》
霜《め》風《か》潮《う》多《を》　宇《え》渾《に》瀛《さ》　霧《り》経《へ》光《て》　上《の》浜《ま》洲《す》　余《あ》瀬《せ》声《ゑ》　蜂《ほ》彼《れ》消《け》

斐《ひ》普《ふ》味《み》誉《よ》彙《い》務《む》奈《な》　夜《や》古《こ》堵《と》茂《も》知《ち》　炉《ろ》羅《ら》年《ね》紫《し》　紀《き》流《る》庾《ゆ》葦《る》　厨《つ》宍《わ》努《ぬ》蘇《そ》　汗《お》哆《た》坡《は》句《く》
馬《め》嘉《か》有《う》於《を》　依《え》爾《に》挲《さ》　利《り》泪《へ》転《て》　能《の》摩《ま》数《す》　亜《あ》世《せ》会《ゑ》　餔《ほ》列《れ》気《け》

一《ひ》二《ふ》三《み》四《よ》五《い》六《む》七《な》　八《や》九《こ》十《と》百《も》千《ち》　万《ろ》良《ら》禰《ね》之《し》　幾《き》留《る》由《ゆ》韋《る》　都《つ》和《わ》奴《ぬ》曽《そ》　遠《お》多《た》波《は》久《く》
米《め》家《か》宇《う》於《を》　依《え》爾《に》佐《さ》　理《り》宜《へ》天《て》　能《の》麻《ま》須《す》　阿《あ》世《せ》恵《ゑ》　欲《ほ》我《れ》削《け》

人《ひ》含《ふ》道《み》善《よ》命《い》報《む》名《な》　親《や》兒《こ》倫《と》元《も》因《ち》　心《ろ》顕《ら》練《ね》忍《し》

君《き》主《る》豊《ゆ》位《ゐ》　臣《つ》私《わ》盗《ぬ》勿《そ》　男《お》田《た》畠《は》耕《く》　女《め》蚕《か》績《う》織《を》

家《え》饒《に》栄《さ》　理《り》宜《へ》照《て》　法《の》守《ま》進《す》　亜《あ》攻《せ》絶《ゑ》　欲《ほ》我《れ》削《け》

あとがき

音から声から言葉へ

人の声は実にさまざまです。喜怒哀楽の感情と相まって声は変化します。悲しみにちぎれそうな身体からこぼれる声、怒気のこもった声、はしゃぎ遊んでいるときの跳ねるような声、喜びに感極まる声など大別できますが、この中にも細やかに質の違いがあり、声は人それぞれに個性があります。また、たとえば作り声、とりつくろった声で話したとします。それが必ずしも当人の思惑通りに相手に聞こえるとも限りません。言葉通りに受け取ってもらえないこともあります。本音、本心ではないうわべの言葉だと気づく人もいるでしょう。

声は他者へ向けて発するほか、誰に聞かせるでもなく独り言という内心のつぶやきを声にすることもあります。思いが音として外に溢れる、零れる、投げかける、そして語りかけるというように、持ち主の思いを乗せ、のぞみを託されたのが声です。それは鳥の声、動物の鳴き声も同じです。そう考えてみると、声に「ことば」と振り仮名をつけるのは合っているのではないかと思います。元に心があり、声になり、言になり、言の葉となった言葉は、共通の認識を得て語彙は増えてきました。そして時とともに変化し続けてきたといえます。

四十七個の古代文字で表された神文は後世の者にとっては、ただ音の連なりです。それで意味が通じた時代が確かにあり、そのままに伝えられてきました。神代文字から秦字による仮字に置き換えた先天神文を経て、元来の意味を解読し同音同義（かぎりなく近く）の字に置き換えたのが後天神文です。この仕事は聖徳太子でなくてはできなかったともいえます。（理由は先代旧事本紀大成経伝の他巻に譲ります。）

そして神文を「人含道祝詞（ひふみののりと）」として表したことによって、国の形が言葉として顕になったといえます。この四十七文字には、神と人、天地と人との約束事が要約され順々に説かれています。祝詞ですから、それを声に出して唱えることができるのです。

国が作られ、人の暮らしがしだいに盛んになる、つまり枝葉が茂るように人も増え、話し言葉も作られ、言葉は派生し繁っていきます。すると元の根っこは見えなくなり、言葉の肇めは忘れられてしまいます。過去を忘れ、亡骸となった人を忘れていくのと同じように、神勅から造られた神文もいつしか意味を失っていたのでした。長い歴史を経てきた神文が、聖徳太子によって蘇ったのは、国にとって分岐となる時代であったからかもしれません。声を聞き流すのではなく、その音から意味を感じとり、また自分の声音に己をかえりみて、つつしむこと。そういう雅さがあたりまえであった時から遠く離れ、物質の豊かさばかりが追い求められる世の中になっていく危惧は、歴史を踏まえれば正しかったといえます。

神文四十七言にしたがって人々が世の中を作っていくことで、家を栄えさせ、国を悪から守り、善に依ざして生きる、それが命を過去現世未来へとつないでいくのだと教える神文は、声に出して心身に声が享るように唱えるものです。祝詞だから神前でなければならないということはないのです。人含道とは人はみな内なる神を宿しているゆえに……という意味です。ですから、どこででも、歩いていても、立ったままでも、床に伏していたとしても神文を唱えることはできるのです。

まずはじめは我をつつしみ、詫び、そして新たに霊身としての本来の己に立ち帰るように唱えます。冒頭の人含道善命報名「ひふみよいむな」とは、ひとりひとりが生まれ生きていく理由を表したものです。だから願いごとなどせず無心で、神文が心身に徹るように音に包まれてください。

令和四年十二月一日

安房宮　源宗

本書は先代旧事本紀大成経 第四十一巻
経教本紀所収「神文伝」（宮東伯安齋 編纂）を
底本とし、釈義に修正及び加筆を致しました。

一般社団法人 旧事本紀研究会
URL https://kuzihonki.com

神文伝　先代旧事本紀大成経伝（五）

二〇二三年一月三十一日　発行

定価はカバーに表示してあります

著　者　安房宮　源宗

発行者　安西　利子

発行所　有限会社エー・ティー・オフィス
〒一〇七-〇〇六二　東京都港区南青山四-八-十五
電話番号（〇三）五四一一-四〇五四

印刷所　錦明印刷株式会社
〒一〇一-〇〇六五　東京都千代田区西神田三-三-三

ISBN978-4-908665-07-3　